AF310475

# HOPITAL SAINT-JACQUES

FONDÉ PAR LA

## SOCIÉTÉ MÉDICALE HOMŒOPATHIQUE

### DE FRANCE

RECONNU ÉTABLISSEMENT D'UTILITÉ PUBLIQUE

PAR DÉCRET DU 13 JUILLET 1878

*Actuellement rue Volontaire, près la rue de Vaugirard, 227*

----

**Assemblée des Bienfaiteurs de l'Hôpital
du 26 Mars 1899**

----

PARIS

TYPOGRAPHIE A. DAVY

52, RUE MADAME, 52

—

1899

# HOPITAL SAINT-JACQUES

FONDÉ PAR LA

## SOCIÉTÉ MÉDICALE HOMŒOPATHIQUE

### DE FRANCE

———

ASSEMBLÉE GÉNÉRALE DES BIENFAITEURS

*le* **26 *mars* 1899.**

Le D<sup>r</sup> P. JOUSSET, président de la commission administrative, ouvre la séance en ces termes :

Mesdames et Messieurs,

Il semble assez naturel d'ouvrir une assemblée de
bienfaiteurs par une demande d'aumônes. Je ne m'excu-
serai donc point d'avoir à vous demander que, cette
année plus que jamais, vous considériez notre Compte
rendu comme lettre de quête

Voici le motif de cette insistance particulière.

La vente que nous faisons tous les deux ans et qui
devait avoir lieu cette année, est remise à l'année pro-
chaine. L'absence et la maladie de plusieurs de nos dames
patronnesses, l'inachèvement du nouveau bazar de la

Charité nous ont contraint à renoncer à notre vente pour 1899. Elle se trouve ainsi remise à l'année 1900, un peu avant l'ouverture de l'Exposition universelle.

D'ici là nous avons de pressants besoins que nos ressources ordinaires ne nous permettent point de couvrir. La lingerie surtout exige un renouvellement partiel fort coûteux. Nous vous prions donc, Mesdames et Messieurs, de vouloir bien nous venir en aide avec votre charité accoutumée.

Vous pourrez adresser vos affrandes aux dames patronnesses et aux Membres de la Commission d'Administration.

Le D$^r$ NIMIER présente le compte rendu médical pour 1898.

Mesdames, Messieurs,

J'ai l'honneur de vous présenter le rapport médical de l'hôpital Saint-Jacques pour l'année 1898. Comme vous allez le voir, nous avons encore pu, cette année, grâce à vous, faire profiter de nombreux malades des bienfaits de l'homœopathie et des soins si dévoués de nos admirables religieuses.

Le 1$^{er}$ janvier 1898, il y avait en traitement dans les salles de l'hôpital 35 malades; dans le courant de l'année il en est entré 293, soit 108 hommes et 185 femmes; ce qui fait un total de 328 que nous avons eu à soigner pendant l'année 1898. Ils ont fourni ensemble 11.249 journées de malade. En outre 7.596 consultations gratuites ont été données aux personnes du dehors.

La mortalité s'élève pour les 328 malades de l'hôpital à 32 décès, ce qui représente un peu moins de 10 p. 100, pourcentage un peu inférieur à celui de l'année précé dente, mais bien supérieur encore à celui que nous voudrions pouvoir vous présenter. Ces décès sont constitués comme suit : Phtisie 17, Maladie de cœur 4, Cancer 4, Méningite tuberculeuse 2, Apoplexie cérébrale 2, Fièvre typhoïde 1, Salpingite 1, Hernie étranglée 1.

Cette énumération appelle quelques observations : La première, c'est que presque tous nos décès sont produits par des maladies inguérissables ou très graves comme la phtisie, les maladies de cœur, le cancer, la méningite tuberculeuse, l'apoplexie cérébrale et que les décès causés par les maladies aiguës sont excessivement rares : 1 fièvre typhoïde, 1 salpingite, 1 hernie étranglée. Nous serions donc en droit de dire que nous n'avons eu que 3 décès de maladies aiguës et encore les deux derniers ressortissent plus à la chirurgie qu'à la médecine. Il nous serait donc facile de vous apporter des statistiques superbes avec moins de 1 p. 100 de décès, mais pour cela, il nous faudrait refuser d'accepter dans nos salles, de malheureux poitrinaires qui n'y entrent guère que pour y finir en paix et ces pauvres cancéreuses déjà repoussées des hôpitaux de l'Assistance publique. Nous n'en avons pas le triste courage et nous sommes assurés d'avoir votre complète approbation en agissant comme nous le faisons. L'humanité et la charité nous font un devoir de passer par dessus nos règlements. Quant aux maladies qui ont été soignées à l'hôpital Saint-Jacques, elles se décomposent comme suit :

| | | | |
|---|---|---|---|
| Fièvre. | 6 | Maladies du foie. | 4 |
| Fièvre typhoïde. | 5 | Tuberculose pulmonaire. | 23 |
| Grippe. | 4 | Méningite tuberculeuse. | 2 |
| Oreillons | 4 | Péritonite tuberculeuse. | 1 |
| Rhumatisme | 19 | Urémie. | 1 |

| | | | |
|---|---:|---|---:|
| Rougeole | 24 | Apoplexie cérébrale | 4 |
| Scarlatine | 16 | Névrite et névralgie | 5 |
| Anémie | 5 | Neurasthénie | 3 |
| Érysipèle | 4 | Métrite | 6 |
| Angines | 12 | Salpingite | 4 |
| Gastrite | 12 | Affections des organes génitaux de l'homme | 7 |
| Gastralgie | 4 | Hydarthrose et tumeur blanche | 4 |
| Bronchite | 9 | Affections des veines | 6 |
| Asthme | 6 | Maladie de la peau et du cuir chevelu | 5 |
| Pneumonie et broncho-pneumonie | 7 | Cataracte | 5 |
| Pleurésie | 4 | Ophtalmie | 3 |
| Maladie de cœur | 9 | Cancer | 7 |
| Entérite | 4 | Tumeurs diverses | 7 |
| Appendicite | 5 | Hernie | 3 |

Le reste est constitué par diverses affections médicales et chirurgicales.

Le D<sup>r</sup> Marc Jousset, trésorier, lit le rapport financier pour l'année 1898.

*Avoir :*

| | |
|---|---:|
| En caisse le 1<sup>er</sup> janvier | 9.504,50 |
| Rentes (titres en portefeuille) | 6.602,20 |
| — (titres chez le notaire) | 10.064,80 |
| Bénéfices du compte courant (Crédit Lyonnais) | 32,70 |
| Souscriptions et dons | 2.079,00 |
| Produits de l'hôpital (chambres payantes, dons des malades et de leurs bienfaiteurs) | 22.296,30 |
| | 50.579,50 |

*Dépenses :*

| | |
|---|---:|
| Nourriture. | 15.474,40 |
| Vin (entrée et port). | 932,00 |
| Cognac et rhum. | 88,00 |
| Eclairage. | 1.671,90 |
| Eau. | 474,15 |
| Blanchissage. | 1.745,75 |
| Divers(chaudr., porcel., verre, laborat., etc.) | 1.460,15 |
| Lingerie. | 500.00 |
| Contributions. | 1.823,80 |
| Charbons. | 2.871,20 |
| Assurances | 86,65 |
| Honoraires de l'architecte. | 91,00 |
| Mémoires : Lepautre, horloger | 40,00 |
| — Collin (instruments). | 183,10 |
| — Sgrena (fumiste) | 820,40 |
| — Dubief (ciment). | 123,20 |
| — Aubry (instruments). | 23,00 |
| — Delaroche, plombier. | 2.000,00 |
| — Table d'opération | 375,00 |
| — Dubrugeaud, maçon | 1.000,00 |
| — Chardin (électricité). | 2,70 |
| Intérêts du terrain. | 3.000,00 |
| Divers (impression, etc.). | 132,00 |
| Frais du Crédit Lyonnais. | 27,90 |
| — du notaire. | 3,60 |
| Traitement des internes. | 1.200,00 |
| — de l'aumônier. | 750,00 |
| — des sœurs. | 1.700,00 |
| — du concierge. | 1.800,00 |
| Domestiques, gardes de nuit, etc. | 1.860,00 |
| | 42.259,90 |

*Balance :*

Avoir. . . . . . . . . . . . 50.579,50
Dépenses. . . . . . . . . . . 42.259,90

Reste au 1<sup>er</sup> janvier 1899. . . . . . 8.319,60

Comme vous pouvez vous en rendre compte par ces chiffres, nous avons encore besoin de vos secours ; le chapitre souscriptions et dons a beaucoup diminué sur les années précédentes et notre vente étant remise à 1900, nous osons espérer que vous vous montrerez cette année très généreux et que vous voudrez continuer votre œuvre, en nous envoyant de plus larges offrandes.

# HOPITAL SAINT-JACQUES

ÉTABLISSEMENT RECONNU D'UTILITÉ PUBLIQUE

## MAISON DE SANTÉ ANNEXÉE A L'HOPITAL

*Rue Volontaire (rue  de Vaugirard, 227)*

---

L'hôpital Saint-Jacques, situé dans un  quartier très aéré et entouré de jardins, est  dans une position hygiénique exceptionnelle. Une maison  de  santé entièrement séparée de l'hôpital lui a été annexée. On ne reçoit ni aliénés, ni épileptiques.

### Hôpital

Dans les salles communes, le prix de la journée est entièrement gratuit.

Dans les salles à six lits, le  prix de la journée  est de 3 francs.

Dans les chambres à deux lits, le prix de la journée est fixé à 5 francs.

Les malades  doivent se soumettre au règlement intérieur sur les visites, les sorties et la bonne tenue dans les salles et dans  les promenoirs.

H. S.-J.

## Maison de santé

Le prix de la pension varie de 6 à 10 francs par jour.
Pour ce prix, la maison fournit : une chambre meublée,
la nourriture, le linge de lit, de table, le chauffage, l'éclai-
rage, les soins de jour, la visite quotidienne du médecin
de la maison et les médicaments.

Les malades sont libres d'appeler, à leurs frais, tout
autre médecin homœopathe.

Les opérations chirurgicales sont gratuites pour les in-
digents. Pour les personnes qui peuvent payer, le prix
en est débattu de gré à gré.

Restent encore à la charge du malade : une garde
particulière si son état l'exige ; le chauffage en dehors du
calorifère ; les vins et les aliments de choix que les malades demanderaient en dehors du régime ordinaire.

On sert à sept heures : café au lait, chocolat, thé ou
soupe. A dix heures et demie, déjeuner ; à cinq heures,
dîner.

Les visites sont permises de 8 heures du matin à
6 heures du soir en hiver et à 8 heures en été.

Les malades peuvent se promener dans la grande cour
aux heures fixées par le règlement. Ils peuvent sortir aux
heures réglementaires et avec la permission du médecin.

La pension se paie par quinzaine et d'avance, sauf
remboursement proportionnel, si le malade sort avant la
fin de la quinzaine. Le jour de l'entrée et celui de la
sortie comptent pour des jours entiers.

L'établissement ne s'engage pas à réserver des chambres s'il n'est déposé des arrhes fixées à la moitié d'une

quinzaine. Tout objet laissé et non réclamé sera acquis à la maison un an après la sortie du malade.

---

## DAMES PATRONNESSES

Mme la comtesse du PASSAGE, présidente, avenue Kléber, 46.
Mme NOLLEVAL, trésorière, rue de l'Echelle, 9.
Mme JULES BRANDON, secrétaire, avenue Messine, 10.
Mme E. ALPHEN-SALVADOR, avenue Messine, 10.
Mme PAUL BONNEAU, née FRÉDAULT, rue Bellechasse, 35.
Mme BRAQUENIÉ, rue de l'Université, 211.
Mme la comtesse R. de BREDA, rue François 1er, 19.
Mme de CAMPEAU, rue de Tilsitt, 20.
Mme de CHAMPLIEU, 1, rue de l'Université.
Mme MAURICE COTTIER, rue de la Baume, 11.
Mme de FAURE, rue Washington, 33.
Mme GABALDA, rue de Rennes, 93.
Mme GAUTHIER-VILLARS, 37, rue de Bourgogne.
Mme HOTTINGUER, 6, rue de Lotta.
Mme MARC JOUSSET, boulevard Saint-Germain, 241
Mme de LAUZON, rue de Solférino, 9.
Mme LEMERCIER, rue Marbeuf, 28.
Mme LEPEL-COINTET, rue Saint-Georges, 1.
Mme LIGNEAU, rue Paul Baudry, 12.
Mme Et. MALLET, 42 bis, rue de la Faisanderie.
Mme NIMIER, 9, rue Frédéric-Bastiat,
Mme la baronne PIERARD, rue de Berlin, 40.
Mme la baronne PIERARD, rue Scribe, 1.
Mme ABEL RAIMBEAUX, avenue du Bois-de-Boulogne, 49.
Mme GABRIEL SALVADOR, avenue de Messine, 10.
Mme la marquise de TALHOUET, avenue Bosquet, 2.
Mme la comtesse de TALHOUET, rue de Marignan, 7.
Mme TOURANGIN, 48, boulevard Malesherbes.
Mme l'amirale VÉRON, boulevard Malesherbes, 48.
Mme la marquise de VIRIEU, boulevard de la Tour-Maubourg, 60.

## COMMISSION ADMINISTRATIVE

MM. les docteurs : JOUSSET, *président* ; TESSIER, *vice-président* ; CARTIER, GABALDA, J. LOVE, PARENTEAU, PARTENAY, MARC JOUSSET, *trésorier* ; CRÉPEL, *secrétaire*.

---

### MÉDECINS DE L'HOPITAL :

MM. TESSIER, M. JOUSSET, CARTIER, CRÉPEL, NIMIER, SYLVESTRE

Conformément aux statuts et au règlement intérieur, un don de cinq mille francs et au-dessus confère aux membres associés le titre de fondateurs ; un don de deux mille francs au moins, le titre de bienfaiteur ; une souscription annuelle de deux cents francs au moins, le titre de coopérateur.

Les dames patronnesses, les membres de la commission administrative et les médecins homœopathes se chargent de recevoir les dons et souscriptions. Les personnes qui préféreront les faire toucher à domicile voudront bien s'adresser à M. le D$^r$ Marc Jousset, trésorier, 241, boulevard Saint-Germain.

Les dons en nature doivent être adressés à Madame la Supérieure de l'hôpital Saint-Jacques, rue Volontaire, près de la rue de Vaugirard, 227.

Nous rappelons que les dons peuvent toujours être adressés à notre trésorier, le D$^r$ Marc Jousset, 241, boulevard Saint-Germain et que les *legs et donations*, que nous sommes aptes à recevoir comme établissement reconnu d'utilité publique, doivent, à peine de nullité, être rédigés dans les termes suivants : « Je lègue ou je donne à l'hôpital Saint-Jacques, fondé à Paris, rue Saint-Jacques, 282, actuellement rue Volontaire, reconnu établissement d'utilité publique, par décret du 13 juillet 1878... »

On remarquera que le mot *homœopathique* n'existe pas dans cette formule. C'est une satisfaction que le ministre a cru devoir accorder à la Faculté et à l'Académie de médecine liguées pour empêcher notre hôpital d'être reconnu établissement d'utilité publique !

---

### Associés de l'Hôpital Saint-Jacques.

#### FONDATEURS.

Mme Charles SÉGUIN, 1re présidente des dames patronnesses.
Mme la baronne de ROTHSCHILD, douairière.
Mme Auguste DESGENETAIS.
Mme la comtesse d'ARGOUT.
Mme MARCO DEL PONT.
Mme la comtesse de MESNARD.
Mme Abel RAIMBEAUX.
Mme LOREAU.
Mme Veuve GERMAIN-PERRONNE, née Cretin.
Mlle Joséphine CRETIN.
M. Edouard MIGNON.
M. Ferdinand RIANT.
M. Abel RAIMBEAUX.
M. le docteur GRANIER, de Nîmes.
M. Antonin CATELLAN.
M. Charles CATELLAN.
M. le docteur JOUSSET.
M. le docteur FRÉDAULT.
M. le docteur CRETIN.
M. le docteur LOVE.
M. le docteur MILCENT.
Mme Maurice COTTIER.

M. Albert DAVILLIER.
Mlle Elaine GREFFULHE.
Mme THAYER.
M. le comte GREFFULHE.
M. le marquis de CASA-RIERA.
Mlle Félicie PONÈ.
Mlle VINET.
M. GUILLOUT
Mme DAVOUST.
Mme CUNY.
Mlle THOMASSIN.
M. le baron LEJEUNE.
Mme DEHESDIN.

## BIENFAITEURS.

Mme la marquise de RASTIGNAC.
Mlles Laure et Marie DETERMES.
M. le Prince de WAGRAM.
M. DENORMANDIE, sénateur.
M. le Général Comte de PALIKAO.
M. le Colonel SALVADOR.
M. DELAHOGUE-MOREAU.
M. Charles FAUQUEUX.
M. Georges LOVE.
M. le baron Charles PIÉRARD.
M. Charles PONE.
M. William GALIGNANI.
M. le docteur OZANAM.
M. le docteur PARTENAY.
Mme Léon CUNY.
Mme de COMMINES DE MARSILLY.
M. Henri TAVERNIER.
Mlle de MESNARD.
M. DENORMANDIE, avoué.
M. CORROYER.
M. BUCHÈRE.
M. FARÇOT.

M. MAILLARD.
Mme Vve DUBOIS.
M. GENREAU.
M. BRAQUENIÉ.
M. POURCELT.
M. LAMY.
M. LAMÉ FLEURY.
M. BERTRAND.
M. de COMMINES.
Mme Vve BOURDIN.
M. de NOIRMONT.

COOPÉRATRICES.

Mme la baronne Charles PIÉRARD.

# LISTE DES SOUSCRIPTEURS

POUR

## L'HOPITAL SAINT-JACQUES

DE LA FONDATION AU 31 DÉCEMBRE 1898.

M. Abadie.
M. le vicomte d'Aboville.
Mme Adeline.
M. et Mme E. Alphen-Salvador.
Mme d'Alvarès.
M. Amelot.
M. André.
Mlle Annette.
Dr d'Antraigues.
Mme Eugène d'Aquin.
M. Arcas.
Mme d'Arcy.
Mme B. d'Argis.
M. Argis.
Mme la comtesse d'Argout.
M. Armagnac (Léon).
M. Armand.
M. Armand (Victor).
M. Aubry.
M. Audemard.
M. le marquis d'Audiffret.
M. Auxcoustaux.
M. Baca (D.).
M. Baillaud.
M. Bailleul.
M. Baillon.
M. Bailloud.
M. Bailly.
Mme Balcarce (Maria).
M. Balcarce.
M. Balliez.
M. Balvey.
M. Barbey.
M. Barbier.
M. Baron.
M. Barraut.
Mme de la Barre.
M. A. Baroche.
Mme Bartholony (A.).

M. Basilewski.
Mme Baudoin.
Mme Baudry.
Mme Baurens.
Mme la baronne de Baye
Mme Baudoux.
M. Beau.
Mme la comtesse de Beaulincourt-
    Marle.
Mme Beaurain.
M. Beauvais.
M. et Mme Bécard.
M. Becker, avocat.
Mme Bedier.
Comte et comtesse Bégouen.
M. Béjot.
Mme Bellaigue.
Mlle de Bellomayre.
Mme Bellanger.
Mme Belvey.
M. Benoit.
Mlle Benoit.
M. le baron Benoist Méchin.
M. Béranger (Charles).
Mme Bérard (Edouard).
M. Barbé.
M. Berger (Aymé).
Mlle Berger.
M. Bergère (Amédée).
Dr Bergot.
Dr Bernard.
M. Bernard fils
Mme Bertaud.
M. Bertaud.
M. Berthelier.
Mme Berthelin.
M. et Mme Bertherand.
Mme Bertin (A.).
M. de Berthois (colonel).

M. le baron de Berthois.
M. Bertrand (G.).
M. Bertrand.
M. le Dr Bertrand-Delamps.
Mme Bertrand-Taillet.
M. Bernard.
M. Besson.
Mme veuve Best.
Mlle de Béthisy.
Mme la comtesse de Béthune.
Mme Beuson.
M. Biais.
M. Bihourd.
Mme Billaudel.
Mme de Billy.
M. de Billy.
M. Bin.
M. Binder.
M. Bion.
Mlle Bion.
M. Bize.
Mme la duchesse de Blacas.
Mme la comtesse X. de Blacas.
Mme la marquise de Blaizel.
M. Blanc (X.).
Mme Blanc.
Mme Blausse.
M. Bligny.
M. Blutz.
M. de Bois-Rouvray.
M. de Bois-Chevalier.
M. Bois-d'Hyver.
M. et Mme Boissard.
Mme Boissier.
Mme de Boissieux.
Mme Boissieux-Bonnafé.
M. Boitrel.
Mme Boittrelle.
Mme Bompard.
Mme Bonneau (A).
Mme Bonneau (G.).
Mme Bonneau (Paul).
M. Bonnet
M. Bonnefous.
M. Bontemps.
M. Bontour.
M. et Mme Bontoux.
M. Bonvast.
Mme Bordet (Henry).
Mme veuve Bordier.
Mme Boré-Verrier.
M. le baron Borras de Goya.
Mme la baronne Borras de Goya.
Mme Bory-Wender
Mme Bouard.
M. Boucastel.
M. Boucaumont (député).
M. Bouchard (Denis).
M. Bouche.
Mme Bouchot.
Mme Bouillon.
Mme Bouju.

Dr Bouffier, de Cette.
M. Boullemotte.
M. Bourdet, pharmacien.
Mme Bourdet.
Mme Bourdin.
Mme Bourdon.
Mme la comtesse de Bourgoing.
Mme Bourgon.
Mme la comtesse de la Bourdon-
    naye.
Mme Bourgeois.
Mme Bourguignon.
M. Bouriol.
M. Bournisien.
M. Bourruet-Aubertot.
Mme Bourry.
M. Boutir.
M. Boutors.
M. Bouts.
M. Bouvart.
M. Bouvier.
M. Bowron.
Mme Bowron.
Mme Bouvry.
M. Bozoet (Henry).
M. Braconnier.
Mme la comtesse de Briadi.
M. Braquenié.
M. et Mme Brault (Emile).
M H. Brebion.
M. Brebion.
Mme Jules Brandon.
Mme Brebion.
M. Brecbemin.
Mme la comtesse de Breda.
M. de Bréville (George).
M. de Bréville (Onfroy).
Mme Bréton (Ernest).
Mme Bréton (Louis).
M. Briat.
M. Briand.
M. Brice.
M. Bride.
Mme la comtesse de Bridieu.
M. de la Brière.
M. Brisset.
Mme Brizard.
M. Brocart (Louis).
M. le comte Brocart-Doumerc.
Mme la baronne Bro de Comère.
Mme Broocks (Ernest).
Mme Brooks (Théodore).
M. Brugniaux (R. Père).
M. Brunneau.
M. Brunner.
M Brunton (John).
Mme Bruzelin.
M. Burch.
Mlle Burlon.
Mlles Bussy.
M. le Dr Cabarrus.
Mme Cahen (Louis), d'Anvers.

Mme Cahen (Raphaël), d'Anvers.
M. Caillat (Henri).
Mme Caillaux.
M. Caillet (Henry).
M. Cailley.
Mme Caltier.
Mme la duchesse de Cambacérès.
Mme la comtesse de Cambacérès.
M. le duc de Campeselice.
M. Cany.
Mme la princesse de Cantacuzène.
M. Captier.
Dr Caire.
Mme Carrié.
Mme Carité.
Mme Cartes.
Mme Carraby.
M. Carrou.
M. le duc des Cars.
M. Carteron.
Mme Cartier.
M. Cartier.
Dr Casal.
M. de Castellan.
M. Cassé.
Mme la comtesse de Castries.
Mme Th. de Castro.
MM. Catellan frères.
Mme de Catheu.
M. et Mme de Catheu (Victor).
Mme Cattoire.
M. de Caulaincourt.
M. le duc de Caumont-la-Force.
M. Cauwes.
M. Cavaglion.
M. de Ceurer.
Dr Chabot.
M. de Chabot-Rohan.
Mme la comtesse de Chabaud-La-
    tour.
Dr Champeaux.
Dr Chanet.
M. Chantreau.
Mme la marquise de la Chataigne-
    raie.
M. Chermaillis.
M. le comte de Charencey.
Mme la comtesse de Chasseloup-la-
    Motte.
M. Chatelard.
M. le baron de Chateaubourg.
Mme Chanbaud.
M. Chanvrière.
Mme de Chegoin.
M. Chégoris.
M. Chéret (Paul).
M. le Dr Cherbot.
M. Chesnay.
Mme Chesnaye.
M. et Mme Chevalier (Emile).
Mme de Chevarrier.
M. Chevojon (Curé).
M. Chevrel (Abbé).

Mme Chevreau.
M. et Mme Chevreux.
M. Chevreux.
M. et Mme Chevreux.
Mme la comtesse de Chivry.
Mme la comtesse de Choiseuil.
Mme Choupot.
Mme Christoffle (Charles).
Mme Christoffle (Paul).
M. Claude-Lafontaine.
Dr Clauss, de Saint-Pétersbourg.
Mme Clerc.
Les Dames de Sainte-Clotilde.
M. Coatpont.
Dr Collangette.
M. Collière.
Mme Collin.
M. Collin.
Mme Collinet.
Dr de Comeau.
Dr Commandré.
M. le baron et Mme la baronne de
    Commaille.
Mme de Commines de Marsilly.
M. de Commines de Marsilly.
M. de Comminck.
Dr Conan.
Mlle Contant.
Mme Contant (Achille).
M. Contant (Achille).
M. Contant (Jules).
M. Contant (E.).
M. de Corbie.
M. le comte Declos-Corbos.
Mme de Cormenin.
M. le comte et Mme la comtesse de
    Coral.
M. Corberon.
M. Cormier.
Mme Cornely.
M. de Cornuau.
Mme Corroyer.
M. Cottin.
M. et Mme Cottier.
M. de Courtois.
M. Courtois Franck.
Mme la baronne de Courval.
M. Couturier.
Mme Couvreux.
Dr Cramoisy.
M. de Cranzès.
Mme Crémieux (Léo).
Mme Crémieux (Hector).
Dr Créqui.
Dr Crétin.
M. et Mme Cuny (Léon).
Baronne de Curnieu.
M. Custin.
M. le prince Czartoriski.
Mlle de C...
Mlle Dagoneau.
Mme Dalleret.
Cte de Damas.

Mme la vicomtesse Dauge .
M. Dauger.
M. Danzas.
Mme Darasse.
M. Darblay jeune.
M. Darlu (Ed.).
Mme la baronne Daumesnil.
M. Dauphin.
M. David.
Mme Davillier (Henri).
Mlle Decam.
M. Decourdemanche.
M. Dedome.
M. Degas.
Mlle Dehaut.
Mlle de la Bigne-Villeneuve.
Mme Dehesdin.
Mme Albert Delacourt.
Mme Fernand Delacourt.
Mme Dehollain.
Mme Delagarde (Emile).
Mme Delahogue-Moreau.
M. Delapalme.
M. Delapize.
Mme Delapoline.
Mme Delaporte.
M. Delaporte (Jules).
M. Delarue.
Mme la générale Delarue de Beau-
marchais.
M. Delâtre.
M. Delavallade.
M. Delchet.
M. Delerue.
Mme Delherbe.
M. et Mme Delessard.
Mme Delmas.
M. Delorme.
M. l'abbé Delorme.
M. Delpech, pharmacien.
Mme Deltheil.
M. Demouchy.
Mme Demouchy.
Mlle Demouchy.
M. Denière.
M. Denis.
M. Denné.
Mme Denormandie (Ernest).
Mme Denormandie.
Mme la comtesse Dercohol.
MM. Derode et Deffès.
M. Derulle-Pol.
Dr Desauche.
Mme Descartes.
Mme Deschamps.
M. et Mme Desgenetais.
Mme Desgranges.
Dr Desermaux.
Mme Deslandes.
Dr Despiney.
Mme veuve Després.
M. Desprétis.
M. et Mme Destors.

M. l'abbé Détouret.
Mlles Determes.
Dr Detroy
Mme Detroyat (Léonce).
M. Devallois (Abbé).
Mme Devallois.
M. Devaux.
M. Devillers.
M. et Mme Devinck.
Mme Deviolaine mère.
Mme Deviolaine (Norbert).
Mme Deviolaine (Paul).
Mme Devry.
Monseigneur d'Hulst.
M. Dietz-Monnin.
Mme Dilemann (Albert).
Mme la duchesse de Dino-Talley-
rand.
M. Dollez.
M. Doniol.
Mme Donon.
M. Dorchy (André).
Mme Dosseur.
M Dotzemberg.
Mme Doublat (Alfred).
Mme Doublet (Gustave).
M. Georges Doublet.
Mme Douët-d'Arcq.
M. Douillard.
M. Doulat.
M. Doulcet.
Mme Dreux (E.).
Mme Dreyfous.
M. Drillon.
M. Drocourt.
Mme la comtesse Drouyn de Lhuys
M. Droit.
Mme Dubale.
Mme Dubarry.
Mme Dubois (Arsène).
Mme Duboux (Louis).
Mme Duché (G ).
Mme Duchlin.
Mme Duclos.
Dr Ducrot.
M. Dufaure.
Mme Duflocq.
M. Duflos
Mme Dufour (Louis).
M. Dufour.
Dr Dufresne.
Mme Dufresne.
Dr Dugat.
M. Dulchet.
M. Dumas père.
Mme Dumesnil (Pauline).
M. Dumesnil.
Mme la baronne Durand.
Mme Durand (Auguste).
Mme Durand (A.).
M. Durif.
M. Durouchoux (Paul).
M. Duval.

Mme Duz (Jean).
M. Ecalle (Henri), pharmacien.
Dr Emery.
M. Engrand.
Comtesse Pol d'Erceville.
M. Esnault-Pelterie.
Mme la vicomtesse d'Espiés.
M. Etteling (Guillaume).
Dr Evans.
Mlles Faber.
M. Fabre (Frédéric).
M. Fabre.
M. Farcot (Joseph).
Mme Fargin-Fayollo.
Mme Fahn.
Mme Fauqueux (Charles).
M. le vicomte de Fautereau.
M. Favreau.
M. de Favrère.
Mme la comtesse de Fayet.
Dr Fay.
Mme Fenestre.
Mlle Ferret.
M. le marquis de la Ferronnays.
Dr Feuillet.
Mme Fèvre.
Mme Fildesoye.
M. Fiot.
Mme Flamand.
M. le comte de Florian.
Mme la comtesse de Florian.
Mme Florimond.
M. Fluret.
Mme H. Flury.
Mme Gratien Foacier.
M. Foirat.
Mme de la Fontaine (Georges).
M. et Mme des Fontaines.
Mme H. Fontana.
Mme Forget.
M. de Forbin.
Mme des Forges.
Mme la comtesse de Formon.
Mlle de Formon.
Mme Fould (Benoit).
M. Fould (H.).
Mme Fould (Isidore).
Mme Fould (Paul.
M. Foulon.
Mme Fouquet de Lusigneul.
M. Fouquet (Ernest).
M. de Fourcy.
M. Fournier.
M. de Franqueville.
Dr Frédault.
Mme Frémy.
Dr Frestier.
Mme Frœlich.
Mme Fromage.
M. Froissy.
Mme Gabalda.
Dr Gaboriau.
Mme Gagueur de Patornay.

Mme Gallichon.
M. Galignani (W.).
Dr Gallavardin.
M. Gallers (Paul).
M. Gallois (Paul).
M. Gamelin.
M. le vicomte de Ganay.
M. Gandouard (Léon).
Mme la baronne Garat.
M. Garcia.
M. Gardissale.
M. et Mme Garnier.
Mme Gastineau.
Mme la marquise de Gasville.
M. Gattif.
M. et Mme Gaudin (E.).
M. Gautier.
Mme Gautier de Valbray.
M. Gautier-Villars.
Mme Gantrot (Abel).
M. Gay.
M. Gayrard, curé de Saint-Louis d'Antin.
M. Gaz (Victor).
M. Géant.
M. Gélé.
Mme Genreau, mère.
M. et Mme Genreau (Georges).
Mme Georges.
Mlle Gérard (Marguerite).
Mme la comtesse Georges de Germin.
Mme Gerson.
Mme Gervais.
M. Gervoy.
Mme Gesgon.
Mme Gilliard.
Mme Girard (Jules).
Mme de Girardin (Alexandre).
Mme Giraudeau (Fernand).
M. Girod.
M. Glaenzer.
Mme Gonnet.
Dr Gonnard.
M. Gosse.
Mme Gossard.
Mme Goubie.
M. et Mme Gouin (Ernest).
Mme Goupil.
M. Goupil (E.).
M. Goupil (L.).
Mme Gourenne.
Dr Goutry.
Mme la comtesse de Grancey.
M. Grand (Jules).
Mme de Grandmaison.
Dr Granier.
Dr Granvallée.
Mme la vicomtesse Greffühle.
Mme Grellou.
Mme de Gréty.
M. Grimadias.
Mme Grimprel.
Mme Gripon.

Mme la marquise douairièrede Gual-
damina.
M. l'abbé Guénaud
Mme veuve Guérin-Méneville.
Dr Guérin-Méneville.
Mme Guérin.
M. et Mme Guérin (Edmond).
M. Güet (O.).
Mme de Guibert.
Mme de la Guiche.
M. Guiet.
Mme Guillaume (C.).
M. Jules Guillaume.
Mme veuve Guillet.
M. et Mme Guillet (Savinien).
M. Guilmard.
M. Guillot.
M. Guillot, père.
M. Guillouet.
Mme Guillout mère.
M. Guillout (E.).
Mme la baronne de Gunzbourg.
M. et Mme Gutierrez de Estrada.
Mme Guyard, mère.
M. Guyard (Albert).
M. Guyot.
Mme Habaibi.
Mme Haingerlot.
Mme Halphen (Joseph).
M. Hamel.
Dr Hamon.
M. Hannebert.
M. Hardoin.
M. Haret.
M. Haret, père.
M. Haret (Emile).
Mlle Harlé d'Ophove.
Mme Hasseneau.
Mme Haudry de Soucy.
M. Haussoulier.
Mme Haussoulier.
Mlle de Haut.
Mme la comtesse d'Hautpoul.
M. Hayem.
Mme Hébert (Charles).
Mme Heine (Charles).
Mme d'Heistel.
M. Henrick.
Mme Hème.
Mme Hémon.
M. Hénissart.
Mlle d'Herculais.
Mme Hermansart.
Dr Hermel.
M. Hermel (Achille).
M. Hermel, fils.
M. Hermet (Ad.).
M. Hérard (A.).
M. Hérold-Raminet.
Mme la marquise d'Hérouville.
Mme la vicomtesse d'Hérouville.
Mme Herson-Mascaret.
Mme la comtesse d'Hinnisdal.

Mme Hottinguer.
Mme Paul Hottinguer.
Dr Houat.
Mme Hourier.
M. Hournon.
M. le comte Hoyos.
Mme Hubert Brière.
M. Hue.
Mme Huillier (Paul).
Mme Humann.
M. Humblot.
M. Hunebelle.
Mlle Huet (Julie).
Mme de Hurbier.
Mme Huvet.
Mme Huyot.
Dr Hysern père.
Dr Hysern fils.
M. Imbert.
Dr Imbert-Gourbeyre.
Dr Inglemarre.
M. et Mme Vincent-d'Indy.
Mme Iremayer.
M. Isabey.
Dr Jablonski.
Mme Jacobs.
Mme Jacquemin.
M. Jacquemin.
Mme Henri Jacques.
M. Jacquot.
M. Jaquotot fils.
Mme Jagerschmidt (Paul).
M. et Mme Janicot.
M. Japy (Emile).
Mme la vicomtesse Jaubert.
Mlle Jaume-Floccard.
M. Jauvin d'Attainville.
M. Jeanneau.
M. et Mme Jodon (Anatole).
M. de Jogay.
Mme Jolliot.
Mme de Joly.
Dr Jorez.
Mme Josse.
M. Jourdian.
Dr Jousset.
Dr Jousset fils.
Mme Jouvin (Hippolyte).
M. et Mme Juigné.
M. Julet.
Mme la comtesse de Juvisy de Mont-
ferrand.
Mme Karczewska.
M. Karczewski.
Mme Keller.
M. Keller.
Mme P. Keller.
Mme de Kermingan.
M. Kern.
Mme la vicomtesse de Kerveguen.
M. le comte de Kleckowski.
Mme Kope.
Mme Ed. Krafft.

Mme la comtesse Krasinska (Marthe).
M. Henri Labarte.
Mme Labarthe.
Mme la générale Labastie.
Mme Lachambre.
Mme Lachaule.
Mme la générale Lacretelle.
M. le marquis de Ladonchamps.
Mme la baronne de Ladoucette.
Mlle Lafonta.
Mme Lafontaine.
M. de Lafresnaye.
M. Lageste.
M. Lagoute.
Mme la générale Lagrenée.
M. Lainé-Thiébault.
Mme Lallemand.
Mme de Lalande.
Mme la comtesse de Lambel.
M. Léon Lambert.
Mme la comtesse de Lambertye.
Mme Lamé-Fleury.
M. Lami (notaire honoraire).
Mme Lami (E.).
Mlle Lami de Nozan.
Famille Lamontagne.
Mlle Lamontagne.
Mme la comtesse de Lancolle.
M. Lancotte.
Mme Lamy.
Mme Landaiserie.
Mlle Landaiserie (Lucy).
Mme Landron (Victor).
M. le comte Lanjuinais.
M. Langlois.
M. Langt.
M. et Mme Lapareille.
M. Laroze.
M. Larvinski (Ivan).
Mme Lassalle-Herrou.
Mme A. de Latour.
M. Latour.
M. et Mme de Launay.
Mme Laurentie.
M. Lebas,
M. Lebeau.
M. Lebey (père).
M. Lebey (Édouard).
M. et Mme Lebey (Georges).
M. Lebouteux.
Mme Lecarme.
M. Leclercq.
Mme Leclercq.
M. Lecocq.
Mme Lecomte.
M. Lecomte.
M. et Mme Leduc (Ed.).
Mme Lefebvre-Pontalis.
Mme Lefebvre (Alfred).
Mme Léger (Henri).
Mme Lehideux (Ernest).
Mme Lehodey.
Mme la baronne Lejeune (E.).

Mme Leleu aînée.
M. et Mme Leleu (Auguste).
Mme Leleu (Casimir).
M. et Mme Leleu (Charles).
M. le colonel Lelièvre.
M. et Mme Lemaître (Ernest).
M. Lemaître (Georges).
Mme Lemaître.
Dr Lembert.
M. Lemonnier.
M. Lenglet.
M. Leniau.
Mme Lepel-Cointet (Eric).
M. Lepel-Cointet (Em.).
Mme Leplat.
Mme Leredde.
Mme Lerolle (Camille).
Mme Leroux.
Mme Leroy.
Mlle Leroy (Marthe).
M. Leroy.
M. Leseigneur.
Mme de Lesquilles.
Mme la comtesse de Lesseps (Ferdinand).
M. Lesquin.
M. Lestein.
M. le comte de Lestapt.
M. Letaille.
M. le comte de Lesterpt.
Mme Levassort.
M. Levent.
M. et Mme Levert.
M. Levillain.
M. Liénard (C.).
M. de Lienhard.
M. de Lignières.
M. et Mme de Lignières.
M. Limet (E.).
Mme Linéas.
M. et Mme Lionnet.
Mlle Locheron.
Mme Londe.
Mlle Longperrier.
Mlle de Lootzbeck.
Mme Lopez.
Mme Loppé.
Mme Loreau.
M. Loudin.
Dr Louis.
Dr Love.
M. Love (Georges).
M. Lubeck.
Mme Lucas (Alphonse).
M. Lucas (Albert) et ses enfants.
Mme Lucquin.
Mme la comtesse de Luigné.
M. Lumire.
M. Lunyt.
M. Luquin.
M. le comte de Lyerme.
M. Lynd-Stephens.
Mme la comtesse de Lyonne.

Mme la duchesse de Mac-Mahon.
Mme de Maddeville.
Mme de Madrier.
M. et Mme Mahou (Paul).
M. Mahou (Oscar).
Mme Maillard.
M. Maillard.
Mme la comtesse de Maillé.
Mme la duchesse de Maillé.
M. Maillier.
Mme Maillez.
Dr Maillot.
Mme le Maistre (Eugène).
M. Maitrat.
Dr Malapert.
Mme Mallet (Charles).
Dr Mallez.
M. Malpas.
Mme du Mainiel de Savéuse.
Mme Manuel.
M. Marc.
Mme Marco del Pont.
M. Marcot.
M. de Margorie.
M. de Marguerite.
Mme Margot.
Mlle Marguerite (Camille).
Mlle Marie.
Mme Marion (Ernest).
Mme Marlier.
M. Marré.
Mlle Mariott.
Mme Marsillon.
Dr Martin Duthoit.
Mme Martin (Petrus).
M. B. de Mas.
M. B. de Mas (Armand)
Mme Massenet.
Mme Masson.
Mlle Massonneau.
M. Mathieu.
M. Mathurin.
M. le général et Mme de Maud'hui.
M. Maugé.
M. Mauger.
M. Maurine.
M. de Maurepas.
M. Mayer.
Mlle Mayer.
Dr Mayoffer.
M. Mazières.
M. Mazurié.
M. Meaudre.
Mme la baronne Méchin.
Mme Meignein (G.).
Mme Meilhac.
Mme la comtesse de Méline.
Mme la comtesse de Ménars.
Mme de Mendeville.
Mme Mercier.
M. Meunier (M ).
Mlle de Méricourt
Mme de Mérino.

M. de Mérinville.
M. Merthamon.
M. Mesland.
M. Meslager.
Mme Meurine.
M. Michel (Arthur).
Mme Michelant.
M. Michelant.
Mme Michelin.
Mme de Mieulle (Auguste)
Mme Mignon (Ed.).
M. Mignon (Ed.).
Mlle Mignon.
M. Mignon (Alexis).
M. Mignon (Théophile).
M. Million.
M. Minant.
Mme Minoret.
Mme la marquise de Minos.
M. Missonnier.
M. Moiana.
M. et Mme Moine (Louis)
M. et Mme Moliet.
Dr Molin.
M. Molier
Mme Montané.
Mme Montarié.
M. Monnin-Japy.
Mme la marquise de Montagu d'O.
M. le général de Montarby.
M de Montbazin.
M. le marquis de Montboissier.
Mme la comtesse de Montboissier-
  Cauillac.
Mme G. de Montbrizon.
Mme la comtesse de Montesquiou.
M. le comte de Montlaur.
M. Morana.
Mme Moreau-Chaslon.
M. Morel (Eugène).
M. Morisé (Louis).
Mme de Morlaincourt.
Mme la comtesse de Mosbourg.
M. l'abbé Motter.
M. de Mouchy.
M. de Moura (Sylvain José).
M. Moutier.
Mme Muller (Emile).
M. le comte Murat.
M. le comte et Mme la comtesse de
  Murat de l'Etang.
M. Mussin.
M. Nas de Tourès.
M. l'abbé Navet.
Mlle Navoit.
Mme veuve Nefftzer A.)
M. de Nérulle.
Mme de Nerville.
M. Neufforge.
Mlle de Nicolaï.
M. et Mme Nicolle.
Mlle Nicolle.
Mlle Nicolo.

Mme Nitot.
Dr Noak.
M. Noailles.
M. Nobarilles.
Mme la baronne de Noirmont.
M. le baron de Noirmont.
M. le baron Gaston de Noirmont
Mme Noirot.
Mme Nolleval.
Mme Numeuse.
Mme la baronne d'Ogletz.
M. Orza.
M. Ozanam.
Mgr Ozanam.
M. Oppenheim.
Mme la duchesse de Padoue.
Mme Pancolard.
Mme Parent-Duchâtelet.
M. Patouillard.
M. Périac.
M. Paris.
Mlle Parizet.
Miss Pary.
Mme l'amirale Parseval-Deschènes.
Dr Partenay.
Mme Pasquier.
Mme Pastré (Joseph).
Mme Pastré (Jules).
M. Pastré (Pierre).
Mme Pauchier (Emile).
Dr Pellicer.
Mme de la Perche.
Mme Peretti.
Mme Périac.
Mme Perronné (A.)
Mme Perry.
Mlle Perry (Henry).
Mme Perterie.
M. le vicomte de Perthuis.
Mme Petit (Joséphine).
Mme Petit (Francis).
M. Petit (Joseph).
M. Petitjean.
M. Peuvrier.
M. de la Peyrière.
M. Pézat.
M. Picot (Georges).
Mme Piérard (Charles).
M. Piérard (André).
M. de Saint-Pierre.
M. le général et Mme Piétrequin de Praujey
M. Piotruszinski (Ladislas).
M. Pigeron.
M. Pignot.
M. Pillot.
M. Pinatel.
Mlle Pioche (Anna).
Mlle Pioche (Joséphine).
M. Pioche.
Dr Piollet.
M. Panque (E.).
M. Platel.

Mme Poiret.
Mme Polar.
M. Polissard.
Mme Ponceau.
Dr Pompili de Rome.
M. Pône (Fortuné).
Mme Pône (Félicie).
M. et Mme Pône (Charles).
Mlle des Ponts (Marie).
M. Porterie.
Mme Potdevin.
M. F. Potin.
Mme Pottier (Paul).
Mme Pourcelet.
M. et Mme Pourcelet.
M. Poutrel.
Mme Poyet.
Mme Prenat.
M. Presbion.
M. Préterre.
Baronne de Preuilly.
Mme Priestey.
Mme Prieur.
Mme Prunier.
M. Pujo.
M. Pujole.
M. Quatremère.
M. Quesnardel.
M. Quénault.
Mme Quesnel.
M. Quest.
M. Rabourdin.
M. Raçon (Simon).
Mmes Radiguet.
Dr Rafinesque.
M. Raimbeaux (Abel).
Mme Rambaud (Marius).
Mme Rambourg (Charles).
Mme Ramsey.
Mme la marquise de Rastignac.
M. le chevalier Rauville.
Dr Ravel.
Dr Raymond (Louis).
M. le vicomte de la Redorte
Mme Régnier.
Mme Rémy.
M. Renard (Alfred).
M. Renard (André).
Mme Renault.
Mme la générale Renault-Morlière
Mme la Renneville.
M. de Resnes.
M. Reynaut (Marie).
Mme Riant
Mlle Riant.
M. Riant (Ferdinand).
M. et Mme Riant (Théodore).
M. Ribart.
Mme de Ribes (Ernest).
M. Richard.
M. Richard.
Mme Richer.
Mme la comtesse de Rigny.

Mme Riottot.
Mme Rivet.
M. Rivière (L.).
Mme Rivière mère.
Mme Robert-Houdin.
M. Robière de Volière.
Mme Robin (Ferdinand).
Mme Robin (Gustave).
M. de Rochat.
Mme Rochet.
Dr Rochet.
M. Rochotte.
M. Roget (Charles).
Mme Rogier de Rothemont
Mme Roll.
Mme Roland.
Mlle Roland.
M. Roland.
Mme la comtesse de Romanet.
Mme Romary.
M. Roret (Antoine).
M. Rosier.
M. Rosy, de Toulon.
Mme la baronne douairière de
  Rothschild.
Mme la baronne Nathaniel de
  Rothschild.
Mme la baronne Salomon de
  Rothschild.
M. le baron de Rothschild (Alph.).
M. le baron de Rothschild (Gustave).
M. le baron de Rothschild (Edmond).
M. le vicomte de Rougé.
Mme Rouillard.
M. et Mme Roussel (Eugène)
Mme veuve Roussel.
Dr Roussel.
M. Roux.
Mme Rouxel.
M. et Mme Roux-Billioque.
M. Rouzelet.
Mme la baronne de Rovins.
Mme Rozier.
M. et Mme Sabattier.
Mme Saglio.
M. Florent-Saglio.
Mme de Saint-Didier.
Mme de Saint-Quentin.
Mme Salles.
M. Salmon.
Mme Salvador (Gabriel).
M. le colonel Salvador.
M. de Salverte.
M. le baron de Santa-Vittoria.
M. Sauton.
Mme de Sauville.
Mme Savary (Charles).
Mme Savary mère.
M. Savary (Paul).
M. de Savignies.
M. Savoy.
Mme Schérer.
M. Schikler.

M. Schill.
Mme Schlumberger.
M. Séber.
M. Séchan.
Mme la baronne Séguier.
Mme Séguier.
Mme Séguin (Charles).
Mme Séguin (Paul).
M. Séguin.
M. Seigneur.
Mme la comtesse Sixt de Saint-Seine.
M. le baron de Sénarmont.
Dr Serrand (Daniel).
Dr Serrand (René).
M. Serrat.
Dr Sieffermann.
Dr ssylvetre.
Dr Simon (Léon).
Mme Simonet (Alfred).
Mme de Sinçay (Ludovic).
Mme Lohier.
M. Sorat.
Mme Sorive-Bigot.
Mme Henri de Soucy.
M. Soumain (Alfred).
Mme de Staplande.
M. Stephens
Mme Stern (Louis).
M. Stevens (Alfred).
M. et Mme Sublet.
Dr Sylvestre.
Mme Taigny-Jollois.
M. Taillade.
Mlle Taillade.
Mme la marquise de Talhouet.
M. Tarcot.
Dr Tardieu.
Mme Tardivaux.
M. Tavernier.
M. Tavernier (Henri).
M. de Tertre.
Mme Tessier.
Dr Tessier.
Dr Teste.
Mme Teste.
Mme Thayer.
Mme Thénard.
Mme Theuriet (André).
Mme de Thévenard.
Mlle de Thévenard.
M. Thévenin.
Mme Thibault
Dr Thibaut.
Dr le Thière.
M. et Mme Théry.
Mme Thierry (Edmond).
Mme Thierry mère.
M. Thomas (Arthur).
M. Thomas.
Mlle Thomassin.
Mme la marquise douairière de Ti-
  lière.
Mme l'amirale Touchard.

Mme l'amirale Touchard.
Mme la comtesse de la Tour.
Mme de la Tour.
M. Tourneur.
M. de Tournin.
M. Tranchant.
M. Trayer.
Mme Tripier.
Mme la présidente Troplong.
Miss Trotter.
Mme Trouvé.
Mme Trutat.
Lady Tufflon.
Mme Turdin.
Mme Turpin
M. Richard de Tussac.
M. Uchard.
M. le comte de Valanglard.
Mme la comtesse de Valanglard.
Mlle de Valin.
Mme de Vallière.
Dr Vallois.
M. de Vallois.
Mme de Vandier.
Mme Varin.
Mme Vasse-Saint-Ouen.
Mlle Vasse-Saint-Ouen.
M. de Vatry.
M. Vaucherel.
Mme la comtesse de Vaudrimay.
M. le comte de Vaudrimay.
M. Vautier.
M. Vavoit.
M. le baron de Veaux.
M. Verdier.

M. de Verneuil.
M. Véron (A.).
M. Verron.
M. et Mme Verroust.
M. Veuillot.
Mme Veyrier.
Mme la comtesse de Vibray.
M. Vicaire.
M. Villain (Le).
M. le marquis de Viquacourt.
M. G. de Villels.
Mme Villemain.
Mme la baronne de Villestreux.
Mlle Villiers
Mme Vincent (Albert).
Mme Vinois.
Mlle Violet (E.).
Dr Viollet.
Mme la marquise de Virieu.
M. le baron de Santa-Vittoria
Mme Wagner.
M. le prince de Wagram.
M. le baron de Waldner.
M. le baron de Watte.
Mlle de Watzbourg.
M. Weber (Georges).
M. Weichand.
M. et Mme Weyland.
Mme Weissweier (Daniel).
M. Worth.
M. Woodcock.
Mme Yung.
M. Yvose (Laurent).
Mme Zyloff de Steenbourg.
Mme Zyloff de Steenbourg.

*N. B.* — Notre liste est encore incomplète.